A la tarde
María Paz Otero

Colección Baños del Carmen

María Paz Otero

A la tarde

Premio Vitruvio de poesía

EDICIONES VITRUVIO
Colección Baños del Carmen,
nº 986

www.edicionesvitruvio.com

Un jurado compuesto por Cova Sánchez-Talón, Alfonso Berrocal, Silvia Roa y Pablo Méndez, acordó conceder el premio Vitruvio a *A la tarde*, de María Paz Otero.

Primera edición, 2024

© Ediciones Vitruvio
C/ Menorca, nº 44
28009
Madrid
Teléfono: 91 573 21 86

ediciones vitruvio, nº 1. 616
ISBN: 978-84-127719-7-8

A la tarde

A Ara, que sigue iluminando las profundidades.

A mi Abu, que seguro juega al mus
en lugares lejanos mientras me cuida.

Y a mis padres y mis hermanos,
que lo son todo.

En el jardín

Quisiera tener una casa de campo
con un jardín muy grande -no tanto
por las flores, por los árboles, y por el verdor
(por cierto, que también se hallen: son bellísimos),
sino para tener animales.

Konstantinos Kavafis

Recuerdo que una vez, cuando era nina,
me parecio que el mundo era un desierto.

Francisca Aguirre

Aunque mi cuerpo caiga doblemente desnudo
en ese traje roto que luego es un poema.
Aunque otro sueño baje su luz por la almohada
y ya no te despierte mi voz en el jardín.

Ángeles Mora

NIEBLA

Tu boca entreabierta, yo, torpemente
en temeroso silencio, espero una palabra
que luche por salir
de ella y alcanzarme.
Un susurro que como el viento
vespertino entre las hojas, escape de ti y hasta mí
llegue. Un tono apagado, una frase
que no quisiera ser dicha, pero ha de serlo,
una despedida tan sólida
que tu lengua hubiera de volverse
granítica para enunciarla.
Callada en cambio me miras fijamente.
Cierras los labios reteniendo en ti
el aire que es tuyo y un día compartiste
desprendida con mi beso,
me rozas la mejilla,
y al no quedar ya nada que decir
me envuelve tu silencio como niebla
que de ti me separara.

EL MOMENTO SAGRADO

El pájaro dorado
con sus alas firmes, con su panza,
con la música incesante que emana
de su cuerpo,
risueño y leve y joven,
ha venido a posarse a la ventana.
Este es el momento sagrado:
el pájaro, tu cuerpo que respira
sutilmente, la luz rosa del invierno,
el tiempo detenido.
Veloz como la nube que se aleja
picotea algunas migas olvidadas,
nos mira, nos sonríe,
se sacude. Abres los ojos despacio,
y el cielo está violeta,
y te conmueve.

INVIERNO

Fue una soleada mañana de diciembre
y paseamos, largo rato,
por el patio frío y yermo.
No hizo falta más. Tu mano recogió
algunas hojas rezagadas del otoño, la mía,
acurrucada en tu bolsillo,
reposó plácidamente.
¡Ah! Qué luz se filtraba a través de los ladrillos.
Fue el día más hermoso
del invierno.

LUARCA, 1990

Tu boca, carnosa aún, después de tantos años,
no deja al silencio ser silencio. Todo el aire,
el vacío, la memoria, en ti se hacen historia
y hablas sin parar, y te sonríes.
Ordenas los paisajes, sitúas los momentos
en una fecha, una hora, en la casa aquella
que alquilamos, *¿la recuerdas?*, me preguntas,
y yo asiento y rebusco, como un arqueólogo
entusiasta, entre las ruinas apagadas
del pasado.
Entonces nos veo en el jardín
jugando como niños. Alegres,
dorados por el sol ligero de Luarca,
y es como si el amor de entonces me pesara,
o como si tu boca, carnosa aún, después de tantos años,
no buscara más
mi labio más delgado y más fruncido.

GENOVESES

Los ojos del niño entre las olas
imaginan tremendas criaturas.
Peces enormes, azules y morados,
con luces de neón en la cabeza,
aletas fuertes, fuertes dientes.
Al poco se le olvida y se apresura
a refrescarse en esa cala
templada de Almería.
Al fondo de la imagen, entornados,
unos ojos similares lo vigilan
desde el rostro preocupado de la madre.

BAJO LA SOMBRILLA

Al sol doran sus cuerpos
y se aman. Llenas de sal, el pelo
crespo por las olas, en la barbilla
restos de un helado. Enterrados en la arena
se encuentran sus meñiques. Algo tímidas aún,
algo azoradas. Y se dan besos o se ríen,
se cuentan recuerdos de la infancia,
van al chiringuito y tras varias cervezas y un gazpacho,
vuelven para dormir la siesta en la toalla.
Yo las miro fofa y seria
en mi sombrilla,
con miedo al sol, por el cáncer,
y al amor, por la herida,
y cuánto añoro de pronto el paseo,
la playa, tu meñique,
y la ingenuidad, claro, la inocencia.
Desde el agua me ven y me sonríen,
e intuyo en sus rostros la compasión de quien cree,
erróneamente,
que a quien miran nunca amó así como ellas.

ASUNTOS TRISTES

Sentada, aturdida ante las cosas
que en tu presencia solían
tener significado: *hogar, calor, ternura,*
y en tu ausencia son
tan solo simples cosas.
El cepillo de dientes, por ejemplo,
la alfombrilla de la ducha,
el sofá que, en momentos de nostalgia,
cubrías con la manta
azul y me besabas,
son ahora cuerpos bobos, tristes asuntos
de una vida pasada,
materia sin sentido ni credo ni memoria.
¿Por qué no te llevaste contigo tantos bultos?
De haberme dejado tan solo las paredes,
la luz, como un hilo de agua
que brota avergonzada de la fuente,
podría recorrer sin obstáculos la estancia
e iluminar mi piel, que es transparente,
y estos ojos tristes que dilatan sus pupilas
y te buscan.

HIROSHIMA, MON AMOUR

Vendrá un tiempo en que ya no sabremos
dar nombre a lo que nos una.
Hiroshima, mon amour (1959)

Hoy estas aquí y me celebras
con tus manos con tu voz
me celebras.
Te entregas a mí, te entregas toda,
tan entera y firme,
tan banal, tan sosegada.
Hoy me besas en el cine y
la escena esa en la que él coge su rostro
y le ofrece un pequeño
vaso de cerveza
no importa porque tú me besas
y es más poderoso este deseo
que el de otros.
Hoy bailas y haces la cena
y te intrigan mis cosas
y te doy respuestas.
Hoy no lloras aún,
no te despides, no te llevas
de mi armario tus cosas.
No te explicas, ni callas, ni levantas la voz
ni te apenas.

Hoy estás aquí
y no te vas aún
y me celebras.

LA CASA

Unto, perezosa, la miel en la tostada
y te miro trabajar
en el jardín a lo lejos.
Como un vientre rosado,
la mañana se abre más allá de tu nuca
y ofrece la sobria caricia
del sol recién despierto.
Repaso en la terraza, metódica,
el paisaje: las flores que sembraste van creciendo
y el árbol que plantamos al morir el abuelo
es pequeño aún, pero firme
y en un tiempo, tal vez, nos dará sombra.
Te giras y me señalas,
orgullosa,
una fresa diminuta. Entonces lo comprendo,
ya es verano.
Traes la estación pertinente
a nuestra casa.

ESTAS MANOS TUYAS

Grabada te llevo en las palmas de mis manos;
tus muros siempre los tengo presentes.

Isaías 49:15-16

Desordenas la luz
mientras friegas los cacharros.
Te ilumina para mí solo un instante.
Se cuela entre tus dedos, los sortea,
alcanza el agua que brota desde el grifo.
Toda la luz sobre ti,
sobre tus manos, un momento. Y son tan ágiles
y fuertes todavía, y tan huesudas
y viejas, y tan tuyas a pesar
de haberlas sostenido yo
por tanto tiempo.

PLEGARIA

Me ofreciste tantas cosas
a lo largo de los años: tus silencios rotos a la tarde,
tu sencilla forma de aprender de lo ocurrido,
tu tenue voz, apenas desprendida, que tantas veces me salvó
de las serpientes.
Cada tanto sostuviste
entre tus manos mi tristeza
y le diste calor como a un polluelo
de algún nido desplomado.
Y también celebraste conmigo la alegría,
cuando todo era tenue, moderado,
como la luz de aquel otoño en la sierra.
Mis letras, sin embargo, ya no pueden alcanzarte.
Sólo ser dichas en alto, o dedicadas,
o ser escritas con rabia, o ser,
sencillamente, incorporadas
al rezo. Así junto las manos frente al pecho,
cierro los ojos, me concentro,
y Dios, sentado plácidamente a tu lado,
te guarda para sí y me condena.

EL SUEÑO Y LOS NARANJOS

La noche, con el mantón oscuro
que la envuelve, anida en tu pecho serena.
Al fondo tus ojos, con el rápido movimiento
que les otorga el sueño, escrutan los paisajes
oníricos y lejanos. Estaré yo, quizás, en alguno de ellos.
Tumbada al sol cerca de unos naranjos, leyendo o soñando
dentro de tu sueño. Puede que te mire y te sonría,
extienda hacia ti mi mano, o puede que las nubes y los truenos
nos acechen
y te acurruques junto a mí y aún así
sintamos frío.
Nunca lo sabré, pues eres tú quien viaja lejos con la mente
mientras tu cuerpo recostado, blanco, leve,
respira manso en el lecho.
En pocas horas sentiré cómo abandonas
el lugar sereno al que te marchas.
Te acercarás a mí, sortearás las sombras,
y sabrán tus labios a la fruta de ese árbol
en el que en tu imaginación
hace rato que te espero.

QUÉ LEJANO

Aún estás.
Al borde de la risa
o del llanto
o concentrada en la tarea
o dormida
o muy quieta.
Aún cocinas para mí
algunas noches
lees en alto
me dices *guapa*
me molestas
me haces cosquillas a la tarde
o me planchas la camisa
o me riñes.
Contemplas todavía
junto a mí estos paisajes.
Apareces en la ducha
me enjabonas
y los pelos sobre el rostro
y el beso líquido y fuerte
y amarillo
o violeta.

Aún todo, todavía:
tú y yo
y nuestras cosas,
y el adiós, que siempre llega,
qué lejano.

ORNITÓLOGA

El gorrión adormecido entre tus piernas
picotea mi dedo en la mañana. Si pudiese
expresar lo que desea en vez de abrir y cerrar,
silencioso, su piquito anaranjado, quizás podría,
no sé, ponerme rápido las chanclas y salir al jardín,
trasegar la tierra, recoger una semilla
acorde a su tamaño.
Podría acariciar su ala, si acaso le doliese,
o abrir los brazos y enseñarle
a volar como un humano. Pero el gorrión
respira ligero contra tu carne y tú
acaricias sus plumas, preocupada.
No va a vivir, me dices.
Tu mano, blanca y cálida,
le da el calor del nido
y de la tumba.

Hablaré de ti

Todo está allí para que la palabra
aprese un llanto, un árbol, la monstruosa
soledad de sus calles vocingleras.
Y yo tan sólo escribo
de la tarde sin ti y de mi tristeza.

Piedad Bonnett

Un ser en orden crecía junto a mí,
y mi desorden serenaba.
Amé su limitada perfección.

Francisco Brines

Como panal de miel destilan tus labios, oh esposa;
miel y leche hay debajo de tu lengua; y el olor de tus vestidos
como el olor del Líbano.

Cantares 4:11

TAN CONOCIDA

Te entregas a mí suave leve complacida
me abrazas y te estrujas te repliegas aprietas
tus pechos contra mi ombligo y el vientre
contra mis ojos que serpentean y observan
tu cuerpo ya gastado. Una boca
similar a la tuya pero mucho más ávida me toma
introduce su lengua en la mía y reconoce mis dientes
algo torcidos algo tímidos algo teñidos todavía de tabaco.
Y entonces yo me entrego una vez más a tu deseo
cada vez más ausente más dulzón con los nervios menos tensos
y el carácter adusto de la juventud
que un día nos hizo creer
en la divinidad de aquel sentimiento nuestro
se disipa poco a poco y me muestra tu imagen contraída
tu boca tus temores tú siendo tú misma
tan humana tan conocida por mí
tan conocida…

SI DE TI HABLASEN LAS CALLES

Si de ti hablasen las calles
¿qué dirían?
Caerían más deprisa
las hojas plateadas del otoño
e intentarían agarrarse, temblorosas,
a tu jersey amarillo.
Los autobuses pasarían fugaces,
como siempre,
pero quizás los conductores ya cansados
de la faena del día o de la tarde
levantarían el pie muy suavemente
para verte caminar allá a lo lejos.
Los pájaros, diminutos cuerpos en el cielo,
los árboles desnudos, los mendigos,
la gente ajetreada a la salida metro,
los difusos y grises viandantes,
todos ellos, con sus pasos apurados,
dejarían en ti
sus ojos un momento.
Y yo, seguro en algún banco con un libro,
o en la cola del cine o el teatro,
corriendo quizás a la oficina,
o repasando la lista de la compra,
miraría tu rostro entre la gente
y tu boca tan de niña todavía.

LO QUE QUEDA DE TI

Qué queda de ti cuando te vas
qué es lo que dejas. Dejas acaso un pensamiento
una palabra que me nombre un pendiente olvidado
para volver quizás a recogerlo más tarde.
O tal vez dejas la luz que antes se hallaba
escondida en tu cabello. La liberas de ti y me la entregas.
Dejas que cruce la estancia y me ilumine.
Puede que dobles una esquina en ese libro para que más tarde
cuando me ponga las gafas y esté atenta
reconozca en ese triángulo equilátero
tu dedo ya lejano.
O tus acuosos ojos en el baño, escondidos por equivocación,
o eso finges,
en el estuche raído de unas lentillas.

DE AQUELLAS FIESTAS CUANDO ESTABAS EN LA NORIA

Tu recuerdo se adhiere a mis dedos
como el algodón de azúcar
aquella noche en el parque. Tú montabas en la noria
y en esa otra atracción que tiene forma de cárcel y yo,
siempre con mis mareos, te observaba aburrida
desde lejos. Gritabas como loca, tus pies se movían
como gorriones por el aire. Lanzabas besos
pícaros a los feriantes y alguno me alcanzaba a mí
sorteando a su paso
toda clase de borrachos.
Luego el aire complaciente levantó
por un momento tu falda. Tus braguitas inocentes allá arriba
como un cometa perdido en la galaxia
y entre las luces mi pupila adolescente
de astronauta.

LOS ASTROS VELOCES

Me hablaste así, serenamente,
cuando nada aún
de mí sabías, y ansiabas conocerme
a mí y a los misterios.
Tú, con el pelo enredado por el viento,
y con la noche tan oscura de fondo,
acunaste mi beso con la palabra tierna
y hablaste de los pájaros que migran.
Después de eso, paseamos.
Reímos pudorosos con la mano en la boca,
tu labio besó el mío y estos astros,
que hoy oscilan veloces y amarillos
y que en mí ya nunca se detienen,
aquel instante de pronto se aquietaron
e iluminaron mi rostro que era joven
y recibía tu voz, y te quería.

ME CUESTA TERRIBLEMENTE

Me cuesta terriblemente dar forma a estas letras
tan arrugadas, retorcidas, negruzcas. Conseguir que se estiren
y con su cuerpo escribir un poema
que hable de ti o al menos te mencione.
Me gustaría describir con ellas tu rostro
y tantas sombras, la hora amable en que tu cuerpo
se abandona al sueño antes que el mío
y este insomnio mío me permite
un momento íntimo para admirarte.
Son salvajes, fieras indómitas las palabras,
y apenas logro darles orden para conseguir
que plasmen
en este trozo gris de papel reciclado
la piel algo seca de tu frente, sus arrugas leves,
cada vez más abundantes,
tus ojos, tan atentos allá al fondo
a estas manos mías
que vuelan sobre los versos y exasperan.

INSISTES

Insistes, insistes
en que sea yo la persona elegida. La persona
guardiana de tus noches la persona
mesilla donde apoyar un vaso de agua unas gafas
objetos necesarios y banales.
Insistes en el beso no dado en la palabra no dicha
y en que no deberíamos traer niños a un mundo
que destrozamos cada día
caprichosos los humanos. Insistes en el viaje
que tenemos pendiente y en que debemos flotar
en el mar muerto porque leíste o te dijeron
que hay tanta sal que sostiene a gordos y flacos
sin distinciones.
Insistes en rezar seguir rezando y besar mis labios
claudicantes y resecos
cuando se quejan de que el día es malo
o de que apenas quedan
cervezas en la nevera.

LA BOCA DE METRO

Te miro acercarte desde lejos
como si no te conociera
ya desde hace tanto. Con tu jersey de rayas,
distraída, pensando quizás en la oficina
o en el deseo ese que te agobia
de ser madre joven. O tal vez no pienses
en cosas importantes.
Llegas poco a poco y me sonríes cuando faltan
apenas unos metros
para el beso el saludo el qué tal tu día
y en esos metros cabe el mundo, mi amor, el nuestro
y el de tantos viandantes que no te miran
o si lo hacen no aman
ni tus gafas ni tu jersey ni tu cuello
como yo que te espero
fingiendo leer frente a la boca del metro.

HÁBLALES DE MÍ A TUS HIJOS

Háblales de mí a tus hijos,
a esos hijos, claro es,
que no tendremos juntas.
El niño, con sus grandes ojos tristes y la niña,
de color en las mejillas, te pedirán tal vez,
quién sabe, que les leas algún cuento.
Cuéntales entonces lo que fuimos,
cambia el tiempo, el nombre, los lugares...
y entrégales así, en un susurro, un momento
nuestro en la memoria.

CIRQUE DU SOLEIL

La palabra afilada que surge de tu boca
me alcanza y me atraviesa
como un cuchillo helado. Deja tras de sí
mi cuerpo dolorido y unas huellas enormes
de bestia fuerte y ciega. No retrocede,
no me ayuda, no reordena sus letras
para envolverme.
Moribunda evoco,
en el suelo frío de adoquines,
el tiempo en que nos quisimos.
Reñíamos, recuerdas, de forma tan diferente...
Como domadores de circo
amansábamos el lenguaje, limábamos
los colmillos a las fieras.

Los cuerpos breves

Y el tiempo habrá borrado estos momentos
en que escribo un poema y me preguntas
¿juegas al ajedrez? Estoy llorando
porque sé que esto es cierto y, algún día,
querrás jugar ¿con quién? inútilmente.

Víctor Botas

Qué lejos de aquí los días
que fueron como nidos.

Olvido García Valdés

Se hablan bajo el agua,
desnudos flotan y se hablan
y se dicen palabras como "risa"
y la luz brilla como un tafetán líquido
sobre sus hermosos cuerpos;

Darío Jaramillo

MATERNIDAD

He de ser sincera con ustedes: temo
entregar mi cuerpo
a los hijos pendientes.
Heredé un abdomen plano de mi padre
y pechos firmes de pezones dorados. Frente al espejo
imagino las estrías, arañazos de tigre surcarán
caprichosos mi cintura.
Podré ver las venas, azuladas como ríos,
recorriendo la amplitud de mi carne deformada. La piel
se estirará como una sábana y bajo ella cabrá el sollozo
de pequeñas criaturas.
Su llanto será mi llanto. Su felicidad
me dará miedo, pues siempre asusta
lo que es susceptible de acabar
o estropearse. Y chuparán de mí
el alimento y el sueño. El calostro y sus defensas. La intimidad,
mi cuerpo y sangre...
Me estremezco.

ESCENAS

A la tarde, entre los taxis
y las personas que corren y las siempre
iluminadas oficinas,
te muestras frente mí con tu bufanda,
con la boca amoratada por el frío.
Colocas tu mano sobre mi mano,
la palma bien abierta, tus dedos ágiles aún,
aún fuertes, las venas, todo eso,
descansando.
Y pienso en este día y sus escenas:
el sol tierno de repente, tu voz bendita en mi oreja,
mi torpe pasear así a tu lado...
y todo lo azaroso ahora es sagrado,
y resucita Dios entre tus labios
para teñir otra vez de noche al viejo día.

OTRA VEZ, COMO SIEMPRE, LAS COSAS COTIDIANAS

Se asoma otra vez el palomo
a la ventana. Más allá del sol -de ese rayo firme
que divide en dos la estancia-
concentrada coses unos viejos calcetines.
Hará frío, dices, *este invierno. Lo han dicho antes*
en las noticias.
Se escucha hablar a los vecinos:
son viejos y sordos y por eso gritan -a veces se dicen te quiero

                                             todavía

y entonces te enterneces-.
Yo también te quiero y mientras coses,
así lo escribo distraída en mi cuaderno.
Luego a la tarde -ciertamente alegre
para ser octubre- paseamos juntas
por el río, hablamos de algunas cosas,
leemos en voz alta lo que he escrito antes
y de nuevo de nuevo las palomas
y tus labios, y este jueves,
y el invierno que no llega mientras tanto.

TORRE DEL RETIRO

Las hermanas Trigo que viven en el sexto
empujan, lentas, sendas sillas de ruedas.
Pasean todavía, después de tantos años,
por el parque del Retiro, y sus dedos nudosos alimentan
a las palomas grises más jóvenes que ellas.
Hablan poco ya, o eso parece,
pues los domingos se sientan junto al lago
y comparten con los peces
sus historias en voz baja.
Ninguna se casó,
ni tuvo hijos, pero un cariño inmenso las sostiene
cuando entran, unas tras otra,
solitarias orugas procesionarias,
por la rampa al edificio.

LO BREVE

I.

Tú sentada en esta silla.
Tú hablando con tu madre
en el brasero.
Tu camiseta blanca de pijama.
Tú esperando a que el agua
de la ducha se caliente.
Tu boca aguardando al labio y el labio
ocupado en la palabra.
Tu lengüita de gato o de amapola.
Tus gafas de miope en la mesilla.
Tus ojos amarillos
de pantera aquella noche.
Tu suspiro antes del sueño.
Tu todo tú tan breve y, sin embargo,
eternamente fija en la memoria.

II.

De aquí a algún tiempo
las cosas serán más breves.
Durará menos el beso que me das
cada noche antes del sueño. Iremos menos al mar,
quizás unos pocos días cuando el tiempo
lo permita. Charlaremos menos, tendremos

menos cosas que decirnos. Haremos más corto
el paseo por el barrio, durará menos la fiesta,
cenaremos un yogur. El día empezará más tarde
y acabará más temprano cuando seamos viejas.
Será breve el otoño y breve el invierno
y veremos preocupadas pasar rápido los años
cada año más breves. Nos quedaremos
dormidas en el cine, inventaremos el final
de las películas,
preferirás los jaikus, claro,
a estos aburridos y larguísimos poemas.

ARREPENTIMIENTO

Vendrías a mí serenamente
y pondrías en mi frente el labio firme,
si ese último adiós, esa palabra,
no hubiera sido más que un pensamiento.
Si en vez de darle voz
a lo que pienso, me hubiese sabido callar
aquella noche,
ahora tu mano, que era carnosa y blanca,
serviría para mí
sopa caliente.
Pero no fue así y así te dije:
creo, amor, que te quise más antes.
Tú cogiste tus cosas en silencio,
me miraste tranquila
-como siempre-
y desde entonces
flota tu beso último, tu carácter,
en el aire opresivo
de la noche.

IN PERPETUUM ET UNUM DIEM

Finalmente ocurrió lo inevitable:
se secó ese río de aguas apacibles
en el que nos bañamos, tan ingenuas,
aquel verano a la tarde.
Comimos tostas de higo y queso fresco
y nuestras piernas, que eran jóvenes y prietas,
se extendían en la roca.
Supongo que en algún momento nos besamos,
pues en esa época solíamos hacerlo,
y el sol iluminaba, o lo imagino, tu cola de sirena.
Hoy paseo sola por el cauce
y viene a mí tu recuerdo: te hacías la muerta
sobre las aguas que por aquí corrían
y con la boca llena de fruta y el bañador *tie-dye* que yo adoraba,
hiciste que creyera eterno este paisaje.

TAN DIFERENTE

Se entrega a mí tu respiración serena,
el bamboleo agudo de tu pecho.
Se abre a mí como una vagina abundante
que da vida y se desgarra, o como algo más sagrado
a lo que no logro dar forma
con torpes, como son, mis palabras.

Me sorprendo complacida
de lo acostumbrada que estoy ya a tus susurros.
Al ronquido aniñado que tu garganta emana,
al insistente ruido de los dientes: a veces pareces
un pájaro carpintero
o me transporta tu bruxismo hasta el sonido de la abuela
despojando de su cáscara a las nueces.

Te he visto ya de esta forma tantas noches
que eres más humana ya que el resto.
Más real que algunos amores
imaginarios que tuve y más
imaginaria, más onírica, que algunas fantasías
que me invaden.

Te acercas, dormida, a mi regazo.
Eres hija y madre. Eres cierta. Y lo sé porque dormida
reconozco en ti lo que la vigilia esconde
y tu olor tan diferente al del perfume.

ÍNDICE

En el jardín, 11

Hablaré de ti, 29

Los cuerpo breves, 43

Ediciones Vitruvio

Colección Baños del Carmen

Últimos libros publicados:

Platero y yo, de Juan Ramón
Jiménez

De mi hermosa Ucrania, de Tarás
Shevchenko

Tiempo, de Carlos González

La incertidumbre del destino, de
José Gerardo Vargas

Vintage, de Rosa Díaz

La trama del cielo, de José Félix
Olalla
2ª edición

Las ciudades tentaculares, de Émile
Verhaeren

Celosías en tiempos robados, de
Antonio Machado Sanz
segunda edición

Escombros, de Pedro López Lara

Frugálicas, de Hebert Abimorad

Algo te queda, de Abel Santos

Pasos de poetas, de Carmen Maga

No riegues mi árbol de Jade, de
Andrea Mijangos

Domus Nostra, de Javier
Castañeda

Cierta como Morgana, de Javier
Olalde

El sueño de los árboles, de José
María Muñoz Quirós

Confinada voz, de Jesús Mauleón

Fuego tan caníbal, de Sergio Iborra

Tu nombre, de Eva López del Pino

Material de uso urgente, de Javier
Alcibar

Papá con niño roto, de Federico
Jiménez Asenjo

Viaje hacia los signos, de Víctor
Ruiz

También en lejanía, de Néstor
Hernández Alonso

Lorem Ipsum, de Jan Dols

Jardín de invierno, de Miguel
Gutiérrez García

Onírico mundo, de Pepa Miranda

Ética y retórica, de Santiago A. López Navia

La ciudad y el ruido, de Manel Lacarta

Sólo soy un latido, de Teresa Moncayo

Las fachas del límite, de Eduardo Crespo

Maitemindua, de Luis Fernando Crespo Navarro

Palabra dicha, de Ignacio Mª Muñoz

Escala de grises, de Pablo González Martín

Lluvia Amor Muerte Poetas, de Isabela Basombrio Hoban